AF494558

ASSOCIATION STÉNOGRAPHIQUE UNITAIRE
POUR LA PROPAGATION DU SYSTÈME PRÉVOST-DELAUNAY
FONDÉE EN 1876
Reconnue comme établissement d'utilité publique par décret du 1er avril 1899

2e RECUEIL D'EXERCICES

CORRIGÉS DES THÈMES ET VERSIONS
donnés aux
EXAMENS PRÉPARATOIRES
de l'Association.

(Les textes de ces Exercices se trouvent dans le 1er Recueil).

PRIX : 1 fr. (franco : 1 fr. 10).

1912

BUREAUX : 52, RUE DE CHABROL, PARIS
ouverts tous les jours, sauf les Dimanches et Fêtes, de Midi 1/2 à 7 h.
et de 8 h. 1/2 à 10 h. 1/2 du soir.
TÉLÉPHONE 406-15

NOTICE SUR L'ASSOCIATION STÉNOGRAPHIQUE UNITAIRE

La sténographie est une écriture beaucoup plus rapide que le procédé ordinaire. Sa connaissance est donc d'une utilité générale, puisque tout le monde consacre à écrire un temps qu'il serait avantageux d'abréger.

C'est en 1826 que Prévost, qui fut depuis chef du service sténographique de la Chambre des Pairs et du Sénat, publia la première édition de son système, dont les bases étaient puisées dans celui de Taylor (1786), adapté par Bertin en 1792.

Perfectionné par M. Delaunay et par ses adeptes, il présente, réunies de la façon la plus heureuse, les deux conditions que doit remplir une bonne sténographie : une *rapidité extrême*, en même temps qu'une *lisibilité parfaite*.

Comme tous les signes et toutes les règles sont obligatoires, le système assure *l'unité absolue* de l'écriture, même dans la plus grande rapidité, ce qui permet dans tous les cas une *lecture mutuelle* toujours facile.

Après avoir cherché à éveiller l'attention du public par des conférences, M. Delaunay reprit en 1867 et 1868, dans trois lycées et un collège de l'Académie de Paris, l'enseignement inauguré par Prévost en 1825. Il fonda, pour l'aider dans son œuvre, d'abord une Conférence sténographique, puis, en 1876, l'*Association Sténographique Unitaire,* qui possède actuellement avec ses groupes affiliés **3.500** professeurs et adhérents.

Le nombre des centres d'enseignement du système est actuellement de **722**. Indépendamment de Paris, qui en compte **320**, il y en a dans **140** villes de province et **45** départements, ainsi que dans **30** villes de Belgique, à Nouméa, à Tunis, à Londres, à Andrinople et à Buenos-Aires. *Le système Prévost-Delaunay est enseigné officiellement à Paris dans toutes les écoles primaires supérieures de garçons et de filles, dans les écoles professionnelles* et certains cours complémentaires, dans les cours commerciaux, ainsi qu'en province, dans un certain nombre d'écoles pratiques de commerce et d'industrie, de lycées, de collèges, d'écoles commerciales ou institutions privées.

Pour faciliter cet enseignement il a été composé divers ouvrages scolaires indiqués ci-contre et l'Association publie un journal mensuel, l'*Unité sténographique,* qui fournit, en même temps que des discussions générales imprimées en caractères ordinaires, des exercices de lecture sténographique dans une partie spéciale, et qui est servi gratuitement aux sociétaires.

Enfin, des concours et examens généraux de sténographie et de machine à écrire ont été institués depuis 1882 entre les élèves des cours, et le nombre des candidats, qui a été en 1910-11 de **8602** indique suffisamment la faveur dont ces épreuves sont l'objet.

Aussi, les résultats pratiques sont-ils des plus remarquables.

Dans les concours de dames sténo-dactylographes on relève ;

au Ministère du Commerce, en 1900 : 23 Prévost-Delaunay sur 35 admissibles et en 1903 : 21 sur 23.

au Ministère des Travaux Publics, en 1906 : 20 sur 21 ; en 1907 : 3 sur 4 ; en 1909 : 26 sur 35 ;

au Ministère du Travail, en 1907 : 3 sur 3 ; en 1908 : 7 sur 8 ;

au Ministère de l'Intérieur, en 1907 : 10 sur 12 ;

au Ministère de la Justice, en 1909 : 4 sur 4 ;

au Ministère de l'Instruction publique, en 1910 : 5 sur 5.

Sur 46 sténographes composant actuellement les services de la Chambre et du Sénat et dont l'admission a lieu exclusivement après concours, 28 pratiquent les systèmes Prévost ou Prévost-Delaunay et 2 des systèmes dérivés ou de même origine. Au Parlement belge, 11 sténographes sur 21 appartiennent à l'École Prévost ou à la nôtre.

Enfin, le système compte, au Palais, des sténographes judiciaires expérimentés, et il fournit au commerce et à l'administration des secrétaires sténographes très appréciés grâce à l'organisation d'un service spécial d'offres et de demandes d'emploi. *Ce service a reçu depuis sa création* **3961** *offres,* **3386** *demandes et a effectué* **1684** *placements.*

Dans son œuvre de vulgarisation, l'Association unitaire a reçu de précieux encouragements ; ses séances annuelles ont été en effet successivement présidées par des membres du Gouvernement.

Reconnue comme établissement d'utilité publique par décret du 1er avril 1899, l'Association unitaire est la seule Société sténographique dont l'œuvre ait reçu cette haute sanction des pouvoirs publics.

Elle trouve le plus éclatant témoignage de l'utilité de son action dans le nombre des auditeurs qui suivent son enseignement et dans l'empressement qu'ils apportent à se joindre à leurs maîtres pour développer leur propagande, en même temps qu'elle démontre tout ce que peut faire l'initiative privée au service d'une cause juste et utile.

Nota. — Les renseignements complets sur l'histoire et le fonctionnement de l'Association sont fournis par l'Annuaire qu'on peut se procurer au bureau de l'Association.

2e RECUEIL D'EXERCICES

CORRIGÉS DES THÈMES ET VERSIONS

donnés aux **EXAMENS PRÉPARATOIRES** de l'Association.

ASSOCIATION STÉNOGRAPHIQUE UNITAIRE

POUR LA PROPAGATION DU SYSTÈME PRÉVOST-DELAUNAY

FONDÉE EN 1876

Reconnue comme établissement d'utilité publique par décret du 1er avril 1899

2e RECUEIL D'EXERCICES

CORRIGÉS DES THÈMES ET VERSIONS

donnés aux

EXAMENS PRÉPARATOIRES

de l'Association.

(Les textes de ces Exercices se trouvent dans le 1er Recueil).

PRIX : 1 fr. (franco : 1 fr. 10).

1912

BUREAUX : 52, RUE DE CHABROL, PARIS

ouverts tous les jours, sauf les Dimanches et Fêtes, de Midi 1/2 à 7 h.

et de 8 h. 1/2 à 10 h. 1/2 du soir.

TÉLÉPHONE 406-15

PREFACE

Les épreuves générales établies par l'Association pour les élèves des cours Prévost-Delaunay prennent d'année en année un développement de plus en plus marqué.

Créées en 1882 pour stimuler l'enseignement et maintenir sa régularité, elles avaient jusqu'à 1889 affecté la forme de concours ayant lieu en avril [1]. Ce n'est qu'en 1890 qu'elles ont été organisées en examens de différents degrés avec classement.

Étendues à la province en 1886 [2], accrues en 1903 d'une seconde session sans classement en novembre et d'une troisième session spéciale aux établissements scolaires en juin, ces épreuves ont suivi un mouvement ascensionnel des plus rapides.

Alors qu'elles avaient réuni 664 candidats seulement pour les 8 premières années (d'avril 1882 à avril 1889), elles en ont compté 58.022 d'avril 1890 au 30 juin 1911, et pour cette dernière période de 22 ans, le nombre annuel des inscriptions s'est progressivement élevé :

de 185 (dont 15 dans 1 centre de province), en 1890,

à 8.602 (dont 3.265 dans 120 centres de province, des colonies et de l'étranger) pour l'année scolaire 1er juillet 1910-30 juin 1911, avec la répartition suivante par degré :

Professionnel	157	candidats inscrits
Commercial supérieur	361	»
Commercial	971	»
Pratique élémentaire	1.693	»
Théorique	2.787	»
Préparatoire	2.173	»
Sténo-dactylographie	53	»
Dactylographie	407	»

Sans entrer dans les détails qu'on trouvera du reste plus loin sur l'historique des améliorations successives apportées dans les programmes, ces épreuves, en ce qui concerne la sténographie, comprennent des compositions pratiques et des compositions théoriques.

Pour se préparer aux premières, les exercices sont faciles à obtenir en dictant, dans le temps déterminé, le nombre règlementaire de mots pris dans un texte quelconque.

---

(1) En 1867 et 1868, M. Delaunay avait fait déjà des concours en vue de la distribution de prix à ses élèves des Lycées de Versailles, Louis-le-Grand, Henri IV et du Collège Stanislas (90 participants) ; en 1877, l'Association avait essayé d'établir un concours de pratique entre ses membres.

(2) Amiens.

Il n'en est pas de même des exercices théoriques d'écriture et de lecture, car ici intervient l'utilité d'un contrôle du texte sténographique pour maintenir l'unité d'écriture. En outre, c'est une commodité à donner aux cours, au nombre actuellement de 722, et aux 544 professeurs qui en sont chargés, ainsi qu'aux élèves qui apprennent seuls, que de mettre à leur disposition, une fois l'étude du système terminée, des exercices de récapitulation fournissant à la fois des devoirs d'application et des corrigés.

Désireux de répondre à ce besoin, le Conseil de l'Association a pensé qu'il ne pouvait mieux faire que de réunir les textes antérieurement donnés aux épreuves générales, ce qui, tout en constituant une collection souvent demandée, donne les moyens d'un travail facile et permet à chacun de se rendre compte du point où il en est par rapport aux épreuves normales.

Il a semblé sans intérêt de reproduire les textes de 1882 à 1889 qui répondent à des conditions toutes différentes de celles d'aujourd'hui et qui, de plus, n'ont pas tous été publiés. On a également laissé de côté la lecture mutuelle pour faire l'objet d'une publication ultérieure.

Les autres textes ont été groupés en deux opuscules, concernant : l'un le degré théorique, l'autre le degré préparatoire. Chacun d'eux donne sur la même page le thème et la version de chaque examen.

Il a été établi, en outre, deux volumes correspondants de corrigés qui constituent par là même une deuxième série d'exercices dont la première forme à son tour le corrigé.

Ainsi se trouvent conçus les 4 opuscules suivants :

Degré préparatoire	(1er recueil) : Thèmes et versions	même texte.
d°	(2e recueil) : Versions et thèmes	
Degré théorique	(3e recueil) : Thèmes et versions	même texte.
d°	(4e recueil) : Versions et thèmes	

Les éditions ultérieures seront complétées par les textes des épreuves récentes, de façon à former une collection toujours à jour.

Il y a lieu d'espérer que professeurs et élèves apprécieront favorablement cette innovation et qu'ils en assureront le succès.

A. BOUTILLIER.

Président de l'Association,

NOTICE HISTORIQUE

sur les épreuves générales de l'Association.

1° STÉNOGRAPHIE.

De 1882 à 1889.

Division des épreuves.

1882 : 2 concours : 1er degré (élémentaire), 2e degré (supérieur).
1884 : concours élémentaire remplacé par des compositions spéciales dans chaque cours.
1885 : concours élémentaire rétabli.
1889 : concours supérieur divisé en 2 degrés.

Conditions d'admission.

Concours élémentaire :

1882 : élèves de 1re année des cours professés par des sociétaires.
1885 : élèves de 1re année présentés par les professeurs.
1886 : création d'un centre d'épreuves à Amiens.
1887 : création de centres d'épreuves en province sur demande du professeur.
1888 : présentation des élèves par un sociétaire.

Concours supérieur :

1882 : tous élèves des cours professés par des sociétaires.
1883 : exclusion des sociétaires antérieurs au 1er janvier 1882.
1884 : tous élèves des cours Prévost-Delaunay, sauf les sociétaires antérieurs au 1er janvier 1882.
1885 : tous praticiens Prévost-Delaunay, sauf les sociétaires antérieurs au 1er janvier 1883.
1886 : tous praticiens Prévost-Delaunay, sauf les sociétaires antérieurs au 1er janvier 1884.
1887 : tous praticiens Prévost-Delaunay présentés par un professeur ou un sociétaire.
1888 : tous praticiens Prévost-Delaunay, sauf les professeurs.

Nature des épreuves (1).

Concours élémentaire.

1882 : 1° thème de 14 lignes sténographiques (2) dictée en 17 minutes, 2° lecture à haute voix d'une ligne de sténographie sur le texte autographié du thème, 3° version de 7 lignes de sténographie sur texte remis (40 minutes pour traduire).
1883 : 1° thème dicté de 5 lignes sténographiques, 2° exercices au tableau, 3° version de 4 lignes.
1884 : compositions de cours comprenant deux dictées, l'une lente, l'autre plus rapide, et des exercices au tableau.
1885 : concours rétabli comprenant un thème dicté, une version sténographique et des interrogations au tableau.
1886 : 1° thème remis de 9 lignes sténographiques, 2° version de 3 lignes.
1887 : 1° thème de 10 lignes commun avec le concours supérieur, 2° version de 9 lignes.
1888 : 1° thème de 9 lignes sténographiques, 2° version de 8 lignes.
1889 : thème (durée 45 minutes) et version (durée 1 heure) de 30 lignes chacun (3).

Concours supérieur :

1882 : 1° thème dicté en 3 minutes 1/2 (vitesse 9 lignes par minute (4), 2° transcription d'une dictée de 2 minutes 1/2 (13 lignes), 3° sténographie au tableau de 10 lignes, avec lecture.

---

(1) Les personnes qui voudraient se reporter aux textes de ces épreuves les trouveront dans la partie spéciale de *l'Unité* des numéros suivants : Avril 1882, Mai-Juin 1883, Mai-Juin 1886, Mai-Juin 1887, Avril 1888, Mai 1889.
(2) Format de *l'Unité Sténographique.*
(3) *Journal Officiel* (ancien texte).
(4) *Journal officiel* (ancien texte).

1885 : 1° thème dicté de 5 minutes (6 à 8 lignes), 2° transcription d'une dictée de 3 minutes (14 à 16 lignes).

1887 : 1° thème commun avec le concours élémentaire, 2° dictée à la vitesse de 15 à 20 lignes.

1888 : vitesse de dictée de 15 à 18 lignes.

1889 : division en 2 degrés comportant, en dehors du thème commun : le 1er dictée à la vitesse de 13, 14, 15 lignes, le 2° dictée à la vitesse de 15, 16, 18 lignes (transcription en 35 minutes).

Depuis 1890.

Division des épreuves.

1890 : examens de 3 degrés : 1er (élémentaire), 2e (moyen) et 3e (supérieur).

1899 : adjonction d'un degré préparatoire (sans classement) pour les élèves n'ayant pas encore vu les incompatibilités.

1903 : adjonction d'un degré pratique commercial supérieur ; les degrés élémentaire, moyen et supérieur sont dénommés : théorique, pratique commercial et pratique professionnel.

1905 : adjonction d'un degré pratique élémentaire.

Conditions d'admission.

1890 : tous élèves Prévost-Delaunay aux 3 degrés consécutifs, le résultat étant acquis au degré le plus élevé. Centres d'épreuves en province pour le 1er et le 2e degré.

1892 : les titulaires de certificats ne peuvent participer qu'aux examens d'un degré supérieur.

1894 : inscription des candidats à un seul degré.

1897 : centres d'épreuves en province pour tous degrés.

1904 : droit d'inscription de 1 franc, en dehors des sociétaires et abonnés de l'*Unité*.

Conditions de classement.

1890 : remise de certificats à chaque degré d'examen. Classement au degré supérieur seulement pour le concours général. Un prix pour chacun des autres degrés. Placement hors concours des professeurs.

1891 : classement à tous les degrés.

1893 : mise hors concours des professeurs en exercice.

1897 : classement indicatif seulement aux degrés moyen et supérieur pour les centres de province.

1903 : les professeurs peuvent prendre part au classement, à titre indicatif, en ce qui concerne le concours général de sténographie.

Classement indicatif seulement pour les centres de province aux degrés commercial, commercial supérieur et professionnel.

1905 : classement indicatif seulement pour les centres de province au degré pratique élémentaire.

1907 : indication de classement pour chaque centre de province remplaçant le classement général (théorie) ou indicatif (autres degrés).

Nature des épreuves (1)

degré préparatoire :

1899 : 1° thème de 12 lignes en texte clair (2), 2° version de 6 lignes en sténographie.

1904 : thème et version de 100 mots chacun.

degré théorique :

1890 : 1° thème de 12 lignes en texte clair (2), 2° version de 6 lignes en sténographie.

1891 : 1° thème de 20 à 25 lignes, 2° version de 10 lignes en sténographie.

1904 : 1° thème de 180 mots, 2° version de 150 mots.

degré pratique élémentaire :

1905 : 1° thème du théorique, 2° transcription d'une dictée de 3 minutes (vitesse 75 mots par minute).

degré commercial :

1890 : 1° thème du théorique, 2° transcription d'une dictée de 2 minutes (vitesse 12 lignes) (3).

1891 : vitesse de dictée : 13 lignes.

(1) Jusqu'à 1901 les textes figurent en sténographie dans la partie spéciale de l'*Unité sténographique*. En 1902 les textes donnés en clair et la traduction des textes donnés en sténographie figurent dans la partie générale ; les textes donnés en sténographie et les corrigés sténographiques dans la partie spéciale. Depuis 1903 tous les textes et corrigés sont donnés dans la partie générale de l'*Unité*.

(2) Format de l'*Unité Sténographique*.

(3) *Journal officiel* (nouveau texte).

1893 : vitesse de dictée : 14 lignes.
1894 : temps de dictée : 3 minutes.
1896 : vitesse de dictée : 100 mots.

degré commercial supérieur :

1903 : 1° thème du théorique, 2° transcription d'une dictée de 3 minutes (vitesse 120 mots).

degré professionnel :

1890 : 1° thème du théorique, 2° transcription d'une dictée de 3 minutes (vitesse 16 à 18 lignes).
1891 : vitesse de dictée : 18 à 21 lignes.
3e épreuve : traduction d'une prise sténographique rapide inconnue de 10 lignes sténographiques (1).
1896 : vitesse de dictée : 135 à 150 mots.
1904 : consistance de la lecture mutuelle : 180 mots.

Fautes tolérées.

degré préparatoire : thème : 15 (1900) ; version : 10 (1900).
degré théorique : thème : 15 (1891), 12 (1908) ; version : 10 (1891).
degré pratique élémentaire : thème : 10 (1905) ; transcription : 15 (1905).
degré commercial : thème : 10 (1891), 8 (1908) ; transcription : 20 (1891), 30 (1895), 20 (1907).
degré commercial supérieur : thème : 10 (1903), 8 (1908) ; transcription : 30 (1903), 25 (1907).
degré professionnel : thème : 5 (1891) ; transcription : 30 (1891) ; lecture mutuelle : 10 (1895).

Durée des épreuves.

thème commun aux 3 degrés : 45 minutes (1890), 30 minutes (1891).
degré théorique : (version) : 45 minutes (1890), 30 minutes (1891).
degré commercial (dictée) : 30 minutes (1890), 45 minutes (1892).
degré professionnel (dictée) : 45 minutes (1890).
d° (lecture mutuelle) : 30 minutes (1891).
1893 : Ensemble des épreuves ; *degré théorique et commercial :* 1 heure, *degré professionnel :* 1 h. 15.
1895 : Ensemble des épreuves ; *degré théorique :* 1 heure, *autres degrés :* 1 h. 15.
1900 : Ensemble des épreuves ; *tous degrés :* 1 h. 15.
Note prise de l'heure de remise des copies de dictée du degré professionnel (1890) et de lecture mutuelle (1891).
Note unique pour les copies du concours général (1893).
Suppression de cette note (1896).
Dans chaque degré les copies ne sont relevées qu'à l'expiration du délai d'épreuve (1903).

2° Machine a écrire.

Division des épreuves.

1890 : concours de transcription de sténographie.
1893 : 1° examens de 2 degrés de transcription de sténographie, 2° concours spécial de prise sténographique avec transcription.
1894 : examens de 2 degrés et concours spécial de prise sténographique avec transcription.
1895 : 1° examen de transcription d'un texte en clair. 2° examen et concours spécial de prise sténographique avec transcription.
1897 : 1° copie, 2° sténographie commerciale.
1903 : 1° dactylographie, 2° sténo-dactylographie.

Conditions d'admission.

1890 : comme à la sténographie.
1894 : inscription à un seul degré d'examen.
1895 : inscription aux 2 degrés, sauf que les titulaires d'un certificat ne peuvent prendre part qu'à l'examen concernant l'autre certificat.
1897 : création de centres d'épreuves en province.
1903 : les titulaires du certificat de dactylographie ne peuvent prendre part qu'à l'épreuve de sténo-dactylographie.
1904 : inscription à un seul degré d'examen.
1907 : droit d'inscription de 1 franc, en dehors des sociétaires et abonnés de l'*Unité*.
admission des non sténographes P.D. pour la dactylographie.

(1) Format de l'*Unité Sténographique*.

Conditions de classement.

1893 : remise de certificats à chaque examen, pas de classement aux examens de 1er degré.

1894 : classement à chaque degré.

1897 : classement indicatif seulement pour les centres de province à la sténographie commerciale.

1907 : indication de classement par degré pour chaque centre de province, remplaçant le classement général (dactylographie) ou indicatif (sténo-dactylographie).

Nature des épreuves.

1890 : 1° transcription d'un texte sténographique préalablement lu aux candidats ; 2° transcription d'un texte sténographique inconnu.

1893 : 1° *examen :* transcription d'un texte sténographique de 20 lignes inconnu, 2° *concours spécial :* transcription d'une dictée de lettre commerciale de 5 minutes (vitesse 16 lignes par minute).

1894 : *degré élémentaire :* transcription d'une dictée commerciale de 3 minutes (10 à 12 lignes) ; *degré supérieur et concours spécial :* 1° même épreuve à la vitesse de 16 lignes, 2° traduction d'une prise sténographique rapide inconnue de 10 lignes sténographiques.

1895 : courte transcription en sténographie Prévost-Delaunay pour les candidats non pourvus de certificat de sténographie.

degré élémentaire (dactylographie): transcription d'un texte en clair de 400 mots environ ; *degré supérieur et concours spécial :* (sténo-dactylographie) transcription d'une dictée de 3 minutes (14 lignes), 100 mots (1896), 100 à 120 mots (1903).

Suppression de l'épreuve de sténographie P.D. pour la dactylographie.

Fautes tolérées.

copie : 15 (1900), *sténographie commerciale :* 30 (1900).

Durée des épreuves.

1891 : chaque épreuve : 30 minutes.

1893 : *1er degré :* 45 minutes, *2e degré :* 20 minutes, *concours :* 1 heure.

1894 : *degré élémentaire :* 1 heure, *degré supérieur :* 1 h. 15.

1895 : *copie :* 15 minutes, *sténographie commerciale :* 30 minutes.

Note prise de l'heure de remise des copies pour chaque épreuve (1891).

Suppression de cette note (1896).

Les copies ne sont relevées qu'à l'expiration du délai d'épreuve (1903).

RÈGLEMENT DES ÉPREUVES GÉNÉRALES

de l'Association Sténographique Unitaire (1).

Article premier. — Les épreuves générales organisées par l'Association, depuis 1882, pour les élèves du système Prévost-Delaunay, sont divisées en deux séries :

1° Examens préparatoire, théorique, pratique élémentaire, commercial, commercial supérieur, professionnel, et Concours général de sténographie ;

2° Examens de dactylographie (2), de sténodactylographie, et Concours spécial de sténodactylographie.

Art. 2. — Elles comprennent :

Pour la première série :

1° A chaque examen, la transcription en sténographie d'un texte en écriture ordinaire (à l'examen *préparatoire,* ce texte ne contient pas d'applications des règles d'incomptabilités) ;

2° A l'examen *préparatoire,* la transcription d'un texte sténographique dans lequel les mots susceptibles d'incompatibilités sont laissés en écriture ordinaire ;

A l'examen *théorique,* la transcription d'un texte sténographique quelconque ;

A l'examen *pratique élémentaire,* la prise et la transcription d'une dictée lente de 3 minutes à la vitesse de 75 mots par minute ;

A l'examen *commercial,* la prise et la transcription d'une dictée lente de 3 minutes à la vitesse de 100 mots par minute ;

A l'examen *commercial supérieur,* la prise et la transcription d'une dictée de 3 minutes à la vitesse de 120 mots par minute ;

A l'examen *professionnel,* la prise et la transcription d'une dictée rapide de 3 minutes, à la vitesse de 135 à 150 mots par minute, et la transcription d'un texte sténographique pris dans les mêmes conditions de rapidité par des praticiens.

Pour la deuxième série, :

1° Une courte transcription en sténographie, pour justifier de la connaissance du système, et qui n'entre pas en compte (3) ;

2° A l'examen de *dactylographie* : la transcription d'un texte ordinaire ;

A l'examen de *sténo-dactylographie* : la prise en sténographie et la transcription à la machine d'une dictée de 3 minutes, à la vitesse progressive de 100 à 120 mots à la minute.

Art. 3. — Des certificats, correspondant à chaque examen, sont délivrés, pour les deux séries, à tous ceux qui en subissent les épreuves d'une façon satisfaisante.

Ils portent le nom du professeur, ainsi que l'indication du cours suivi, si le professeur appartient à l'Association. Dans le cas contraire, le candidat est désigné sous la qualification d'élève libre.

Sauf à l'examen préparatoire, des prix sont, en outre, décernés aux candidats qui ont remis les meilleures copies.

Art. 4. — Les épreuves de l'examen *professionnel* de sténographie et celles de *sténodactylographie* sont classées par ordre de mérite, et constituent le Concours général et le Concours spécial.

Il est décerné aux trois premiers lauréats du Concours général des médailles grand module : l'une de vermeil, la seconde d'argent, et la troisième de bronze, qui constituent les grands prix de l'Association.

Des récompenses spéciales sont attribuées aux lauréats de l'autre concours.

Art. 5. — Les professeurs et les titulaires des certificats d'aptitude à l'enseignement ne peuvent prendre part aux classements, sauf en ce qui concerne le Concours général de sténographie et le concours spécial de sténo-dactylographie.

Les lauréats des concours antérieurs ne sont classés que s'ils méritent une récompense d'un rang supérieur à celle qui leur a été attribuée.

Les candidats ne peuvent être inscrits qu'à un seul examen dans chaque série.

Dans la première série, les titulaires de certificats ne peuvent prendre part qu'aux examens

(1) Le texte complet du règlement est inséré dans l'annuaire de l'Association.
(2) Pour cette épreuve la connaissance de la sténographie Prévost-Delaunay n'est pas obligatoire.
(3) Cette épreuve ne s'applique pas à l'examen de dactylographie.

un degré supérieur à celui auquel ils ont déjà participé avec succès.

Dans la deuxième série, ceux qui possèdent le certificat de dactylographie ne peuvent prendre part qu'à l'épreuve de sténo-dactylographie.

Art. 6. Les demandes d'inscription doivent être remises, avant le 15 mars, au secrétaire général de l'Association, et mentionner les nom, prénoms, date de naissance, titres universitaires, profession, adresse du candidat, les épreuves auxquelles il désire prendre part, la machine dont il se sert, et qu'il doit se procurer lui-même, ainsi que le nom du professeur, et le cours suivi pendant l'année courante.

Les demandes doivent être accompagnées d'un droit d'inscription de 1 franc dans chaque série sauf pour les sociétaires et les abonnés de *l'Unité sténographique*. Les versements sont personnels et acquis à l'Association.

Les candidats non sociétaires et non abonnés à l'Unité, désirant recevoir le numéro du bulletin contenant le compte-rendu des examens doivent, au moment de leur inscription, en faire la demande accompagnée d'un versement de 50 centimes.

Des convocations individuelles sont adressées à chacun des candidats.

En cas de non réception ou d'erreur, les réclamations sont admises jusqu'au 1er avril, date à laquelle les listes sont définitivement arrêtées.

Art. 7. — **Tenue des examens.** — Les épreuves ont lieu à Paris, simultanément pour chaque examen, sous la direction du bureau de l'Association.

Pour les cours de province, elles peuvent avoir lieu sur place sous la surveillance d'un délégué de l'Association. Elles ne participent pas au classement général, mais il est établi des classements spéciaux par degré dans chaque centre d'examen, et les lauréats des prix stipulés à l'article 24 sont mentionnés au palmarès avec une qualification correspondant à celle du classement de Paris.

Art. 8 et 9. — (*Indications d'ordre intérieur*).

Art. 10. — Les candidats reçoivent pour chaque épreuve une feuille d'examen à en-tête [illegible]. Les indications de l'en-tête doivent être exactement remplies et rien ne doit être écrit au [illegible] de cet en-tête.

Le corps de la feuille ne doit porter ni signature ni signe distinctif. Dans le cas contraire, le candidat n'est pas classé. L'usage de livres et les communications entre candidats sont formellement interdits, à peine d'exclusion.

Art. 11. — Les textes des épreuves, autres que les prises, sont distribués à chaque candidat ; ces textes, choisis par le Président sont tenus secrets jusqu'au moment de l'examen.

Ils comportent, environ :

1re *série*. Examen préparatoire : 100 mots pour chaque épreuve ;

Autres examens : thème, 180 mots ; version, 150 mots ; lecture mutuelle, 180 mots.

2e *série*. Examen de *dactylographie* : 400 mots.

Art. 12. — Il est d'abord procédé aux dictées, et à la distribution des textes de la première série. Il est ensuite accordé 1 h. 1/4 pour l'ensemble de ces épreuves.

Il est procédé dans le même ordre aux épreuves de la deuxième série pour lesquelles il est accordé : 15 minutes pour la dactylographie et 30 minutes pour la sténo-dactylographie.

Aucune copie n'est relevée avant l'expiration du délai de l'épreuve.

Art. 13. — (*Indications d'ordre intérieur*).

Art. 14. — **Correction des épreuves.** — Il n'est pas compté plus d'une faute par mot et le même mot, répété de la même façon fautive, ne compte qu'une fois.

Les mots fautifs sont soulignés et référés en marge avec l'appréciation du correcteur. Le total des fautes est inscrit en haut dans la marge de la copie.

Art. 15. — Pour le thème, les défectuosités dans le tracé des signes, le non-emploi des sténogrammes portés au tableau des abréviations, comptent comme 1/4 de faute. Toutes les autres, y compris l'emploi des mots arbitraires supprimés en 1896, et le tracé intégral fautif d'un mot qui aurait dû être abrégé, sont comptées pour 1, ainsi que chaque mot non écrit.

Les copies sont éliminées si le total dépasse 15 à l'examen préparatoire, 12 à l'examen théorique, 10 à l'examen pratique élémentaire, 8 aux examens commercial et commercial supérieur, et 5 à l'examen professionnel.

Art. 16. — Pour les autres épreuves, il est compté 1 faute par mot omis, ajouté, ou mis pour un autre, ainsi que par faute de ponctuation entraînant un contre-sens, 1/2 par mot équivalent ou faute d'orthographe, et 1/4 pour chaque faute de ponctuation grave, ainsi que, en ce qui concerne les épreuves de machine, pour chaque mot corrigé malproprement, faute d'accents, de majuscules ou d'espacement.

Les copies sont éliminées si elles contiennent, pour la première série, plus de 10 fautes aux examens préparatoire, théorique, ou professionnel (lecture mutuelle) ; 15 à l'examen pratique élémentaire, 20 à l'examen commercial, 25 à l'examen commercial supérieur, et 30 à l'examen professionnel (dictée). Les demi-fautes et quarts de faute n'entrainent pas élimination pour l'examen préparatoire. Il en est de même pour les quarts de faute de ponctuation en ce qui touche les autres examens.

Pour la deuxième série, les copies sont éliminées si elles contiennent plus de 15 fautes à l'épreuve de dactylographie et plus de 30 fautes à l'épreuve de sténo-dactylographie.

Art. 17. — La correction des copies a lieu à Paris. Elle est assurée par un Jury composé du Président, du Secrétaire général de l'Association, de la Commission technique et de reviseurs désignés par le Conseil formant ensemble le Jury supérieur, ainsi que du nombre de membres nécessaires désignés, de préférence, en suivant l'ordre d'ancienneté, parmi les professeurs de l'Association ayant eu antérieurement des élèves reçus et s'étant fait inscrire à cet effet.

Les sténographes officiels, membres de l'Association, font partie de droit du Jury, et le Conseil peut y adjoindre des représentants des maisons de machine à écrire, ces derniers pour la dactylographie seulement.

Le Jury supérieur se réunit pendant la durée des épreuves pour arrêter la manière dont les fautes seront comptées. Ce barême n'est communiqué aux professeurs qu'après le classement définitif.

Le Jury supérieur revoit le travail des correcteurs pour en assurer l'uniformité.

Le Jury se prononce ensuite sur les admissions et le classement.

Le classement est fait exclusivement d'après le thème pour le degré théorique et d'après la transcription de la dictée pour les autres épreuves.

Art. 18. — Ces opérations terminées, les professeurs peuvent prendre sur place, pendant un temps déterminé, communication des copies de leurs élèves et des résultats. Ils peuvent déléguer ce droit par écrit à un autre professeur n'appartenant pas au Jury.

Les contestations s'il y a lieu sont soumises au Jury supérieur et tranchées par lui.

Aucune rectification ne peut porter préjudice aux candidats classés par le Jury.

Le Conseil prononce ensuite, sur le vu du tableau de classement, les attributions de prix.

Pour bénéficier des récompenses attribuées aux plus jeunes candidats reçus, ceux-ci ne doivent pas avoir plus de 16 ans à la date du concours.

Art. 19. — Les résultats sont envoyés dans le plus bref délai aux organisateurs des centres de province qui ont fourni une liste spéciale de candidats classés par ordre alphabétique dans chaque degré.

Les professeurs de ces centres peuvent élever des réclamations dans les formes prévues à l'article 18.

Une fois les opérations terminées, les organisateurs des centres de province peuvent demander que les copies des candidats de leur centre leur soient envoyées, mais dans la huitaine seulement et à leurs frais, sans qu'aucune réclamation puisse être admisé à n'importe quel titre.

Art. 20. — **Sessions.** — Indépendamment des épreuves générales d'avril, il est fait à la fin de novembre une session d'examen dans les conditions ci-dessus mais sans classement.

Les demandes d'inscription doivent être formées avant le 15 octobre et les listes sont arrêtées définitivement le 1er novembre.

Art. 21. — En outre, pour les établissements scolaires qui en font la demande, l'Association prête son concours à des compositions générales de classe, des degrés préparatoire, théorique, pratique élémentaire, commercial, et de dactylographie, qui doivent avoir lieu le même jour, la fin de juin.

L'Association envoie les textes d'épreuves et fournit, après correction, la liste des élèves par ordre de mérite, ainsi que les certificats obtenus qui doivent être remis à la distribution des prix des établissements.

Les inscriptions se font par liste alphabétique et par nature d'examen. Elles ne donnent pas lieu à convocation spéciale. La surveillance des épreuves est exercée par l'Administration des établissements elle-même.

Art. 22. — Les art. 1 à 19 sont applicables à ces sessions supplémentaires pour tout ce qui n'est pas réglé spécialement par les articles 20 et 21.

Art. 23. — **Prix.** — Les noms des Grands Prix de l'Association, des lauréats du Concours spécial et de ceux de chaque examen sont proclamés en séance solennelle. Ils sont publiés dans le Bulletin, ainsi que la liste complète de ceux auxquels des certificats ont été délivrés.

La liste des certificats est établie alphabétiquement dans chaque degré et par centre, [illegible] la référence du cours suivi pendant l'année et du professeur. Pour l'examen de juin, cette liste est établie par école.

Art. 24. — Il est, en outre, offert par l'Association aux groupes régionaux affiliés, aux sociétés d'enseignement populaire, ainsi qu'aux établissements scolaires dont les professeurs ou les directeurs sont sociétaires, un prix par 25 élèves inscrits aux 3 sessions d'examens, sous réserve d'un minimum de 5 inscriptions, à la condition que ces prix soient remis dans une séance publique de distribution, au nom de l'Association.

Pour les groupes régionaux, le compte est établi dans chaque degré. Pour les sociétés populaires, il est établi par sections de cours. Les inscriptions au degré théorique sont augmentées de celles du degré préparatoire, qui ne reçoit pas de récompenses en vertu de l'art. 3 (2).

Si un élève est inscrit pour deux cours ou plus, il n'est compté que pour une fraction correspondante dans chaque cours.

Ces prix doivent être réclamés au Secrétaire général de l'Association quinze jours au moins à l'avance par le professeur qui joint à sa demande la liste des élèves qu'il a présentés, en indiquant la date de la distribution des prix et le nom du Président.

EXAMEN PRÉPARATOIRE DU 30 AVRIL 1899.

N° 1 CORRIGÉ DU THÈME.

N° 2 CORRIGÉ DE LA VERSION.

Bien des gens croient que la tâche du sténographe est purement matérielle et mécanique, que c'est un être inconscient qui recueille automatiquement les paroles de l'orateur. Comme ils sont loin de comprendre toute l'intelligence qu'il faut à un sténographe pour être à la hauteur de sa mission !

La rapidité et la clarté qui sont les principaux objectifs de l'art sténographique ne peuvent s'unir pour résister au torrent de la parole et de là une insuffisance matérielle à laquelle le sténographe doit suppléer soit par des prédispositions naturelles qui lui donnent une grande dextérité de la main, soit par une forte préparation intellectuelle.

Nota. — Dans tous les thèmes, les noms propres et les noms de nombre doivent être écrits en sténographie.

Les différents textes ont été modifiés pour remplacer par d'autres certains mots ne devant s'écrire que par incompatibilité.

EXAMEN PRÉPARATOIRE DU 22 AVRIL 1900.

N° 3. Corrigé du thème

N° 4. Corrigé de la version.

L'œuvre du sténographe est à la fois matérielle et intellectuelle. Le côté mécanique, la connaissance des règles, la dextérité manuelle, constituent l'art en lui-même ; mais le tact, la délicatesse, le bon goût, les connaissances littéraires et autres forment le complément indispensable à la bonne reproduction d'un discours politique, économique, scientifique, philosophique, social ou administratif. Le sténographe vraiment digne de ce nom est celui qui, naturellement doué au point de vue manuel et intellectuel, a de plus des notions assez développées sur les diverses connaissances humaines. Il faut tout cela pour vaincre la difficulté inhérente à la bonne reproduction d'un discours.

EXAMEN PRÉPARATOIRE DU 21 AVRIL 1901.

N° 5 Corrigé du thème

N° 6 Corrigé de la version.

Il est des orateurs — bien rares d'ailleurs — concis jusqu'à l'exagération, qui n'expriment jamais qu'une partie de leur idée et prétendent la compléter par leur geste plus ou moins significatif. Le sténographe, qui ne peut reproduire cette partie du discours, est réduit à se contenter des fragments de phrase qu'il a recueillis et qu'il devra coordonner plus tard. Ce genre d'orateur est le plus difficile de tous, car il exige tout un travail d'interprétation et souvent, il faut ajouter des phrases entières au discours, en ayant soin d'imiter le style pour que la chose ne se voie pas trop.

EXAMEN PRÉPARATOIRE DU 20 AVRIL 1902.

N° 7 Corrigé du thème (1)

N° 8 Corrigé de la version (1).

Pour obtenir un sérieux et utile résultat, il faut commencer l'étude de la sténographie dans les cours supérieurs ou complémentaires, dans les écoles primaires supérieures, dans les écoles professionnelles. Alors les connaissances de l'enfant se sont développées ; il travaille en vue d'une utilisation pratique de ses facultés ; il est par conséquent apte à s'assimiler plus vite la sténographie, et il comprend mieux tout le profit qu'il peut en retirer. Comme il ne vit pas dans la retraite, il sait que les emplois bien rétribués de sténographes sont de jour en jour plus nombreux et il cherche à se mettre en mesure de les occuper.

---

(1) *Unité sténographique* (novembre 1893).

EXAMEN PRÉPARATOIRE DU 26 AVRIL 1903.

N° 9 Corrigé du thème (1)

N° 10 Corrigé de la version (2).

Le favori d'un prince jeta une pierre à un pauvre qui quêtait son aumône. Celui-ci n'osa rien dire, mais il ramassa la pierre, se promettant bien de la rejeter tôt ou tard à cet homme superbe et cruel. Quelque temps après, on vint lui dire que le favori était tombé du pouvoir et qu'on le promenait dans les rues, sur un chameau, exposé aux rires de la population. A cette nouvelle, le pauvre prit la pierre, mais, après un moment de réflexion, il la jeta en disant : « Je sens qu'il ne faut jamais se venger. Quand l'ennemi est puissant, c'est folie, quand il est malheureux, c'est cruauté ».

---

(1) *Instruction primaire* (1898-1899) Louis Enault).
(2) *Instruction primaire* (1898-1899) (Blanchet).

EXAMEN PRÉPARATOIRE DU 30 JUIN 1903.

N° 11 Corrigé du thème (1)

volonté

N° 12 Corrigé de la version (2).

Voyons, tu ne parles pas sérieusement, mon ami. Tu veux que je manque à la classe ; tu veux que, sans nécessité, je me prive des travaux qui seront faits et que je me laisse devancer par mes camarades ! Si j'accepte ta proposition, comment justifier mon absence auprès du professeur ? Il sera nécessaire que j'invente un empêchement, que je mente, en un mot ; mais, mon cher ami, je ne sais pas dire des choses fausses. D'ailleurs, je devrai aussi tromper mes parents, car je leur laisserai croire que je suis allé à l'école, alors qu'en réalité je n'aurai fait que courir les grands chemins.

---

(1) *Manuel général de l'Instruction primaire* (20 mai 1893) (Guizot).

(2) *Manuel général de l'Instruction primaire* (20 mai 1893).

EXAMEN PRÉPARATOIRE DU 29 NOVEMBRE 1903.

N° 13 CORRIGÉ DU THÈME [1]

N° 14 CORRIGÉ DE LA VERSION [1].

Deux choses existent qui retiennent au logis et font aimer le foyer domestique : les qualités gracieuses de celle qui doit en être l'âme, l'art et le soin avec lesquels elle forme et entretient ce foyer. L'élégance d'un appartement ne réside pas dans sa richesse, mais bien dans le goût avec lequel il est arrangé et plus encore dans l'ordre, la propreté qu'on y fait régner. C'est donc avec justice qu'une femme est jugée d'après la tenue de son habitation. Si elle a des domestiques, c'est à elle qu'on impute le désordre et le défaut de propreté qu'on pourrait y remarquer.

(1) *Manuel général de l'Instruction primaire* (1898-1899).

EXAMEN PRÉPARATOIRE DU 24 AVRIL 1904.

N° 15 Corrigé du thème (1)

N° 16 Corrigé de la version (2).

A l'école j'avais un camarade qui fut pour moi, dès mon enfance, un objet d'émulation. Son air sage et posé, son application à l'étude, le soin qu'il prenait de ses livres, où je n'apercevais jamais de tache, ses blonds cheveux toujours si bien peignés, son habit toujours propre dans sa simplicité, son linge toujours blanc, étaient pour moi un modèle, et il est rare qu'un enfant inspire à un enfant l'estime que j'avais pour lui. Vingt ans après, nous nous sommes retrouvés à Paris sur des routes bien différentes : mais je lui ai reconnu le même caractère qu'il avait à l'école.

---

(1) *Ecole nouvelle* (1903-1904) (D'Aubigné).
(2) *Manuel général de l'Instruction primaire* (1893) (Marmontel).

EXAMEN PRÉPARATOIRE DU 29 JUIN 1904.

N° 17 CORRIGÉ DU THÈME (1)

N° 18 CORRIGÉ DE LA VERSION (2).

J'ai enseigné autrefois la géographie à de petits enfants. Il m'était indifférent qu'ils n'en connussent pas les détails, je n'ai jamais puni pour l'omission d'un nom, mais je tâchais que la figure du pays leur apparût avec des traits précis et que le charme de sa rare beauté fût compris par les jeunes âmes, car il faut que l'écolier de France sache que parmi tous les écoliers du monde il est né heureux et riche. Il possède toutes les teintes du ciel, les monts de granit et les molles collines, toutes les fleurs, tous les fruits de la terre.

---

(1) *Journal des instituteurs* (1902-1903). (A. MÉZIÈRES).
(2) *Le Volume* (1903-1904) (LAVISSE).

EXAMEN PRÉPARATOIRE DU 27 NOVEMBRE 1904.

N° 19 Corrigé du thème (1)

N° 20 Corrigé de la version (2)

Un de mes plus chers amis, homme d'une probité absolue, revenait de Belgique avec sa belle-mère. La brave dame avait acheté de fort belles choses et les avait adroitement cachées dans ses malles au milieu de ses robes. Mais à la douane, mon ami ne voulut pas tromper, et la dame dut ouvrir ses malles et payer un droit qui lui parut exorbitant. L'histoire eut un dénouement bien imprévu. L'honnêteté a un tel pouvoir que, la visite finie, la belle-mère de mon ami se retourna vers lui et, après un moment de silence, lui sauta au cou.

(1) *Journal des Instituteurs* (1903-1904). (Alphonse Daudet).
(2) *Le Volume* (1903-1904). (Ernest Legouvé).

EXAMEN PRÉPARATOIRE DU 16 AVRIL 1905

N° 21 CORRIGÉ DU THÈME (1)

N° 22 CORRIGÉ DE LA VERSION (2)

Au détour du chemin, nous aperçûmes un petit troupeau de brebis sans berger. Un peu plus loin, nous vîmes la trace d'un petit foyer. Le feu était éteint, mais à côté se trouvait deux paires de sabots comme en portent les enfants du pays. L'idée nous vint de faire une surprise à ces enfants et nous plaçâmes dans chacun des sabots une pièce d'argent et quelques dragées.

Ces enfants crurent au passage des fées ; mais leurs parents ne s'y trompèrent pas et nous trouvâmes le matin à la porte de nos chambres autant de petits paniers pleins de fruits.

---

(1) *Le Volume* (26 mars 1904) (BURDEAU).
(2) *Le Volume* (26 mars 1904) (LAMARTINE).

EXAMEN PRÉPARATOIRE DU 30 JUIN 1905.

N° 23 Corrigé du thème (1)

N° 24 Corrigé de la version (2)

Je reçus une visite. C'était un moineau qui vint se poser étourdiment sur l'arbre. J'aime les moineaux et je les protège ; c'est un rôle héroïque pour qui vit aux champs où tous les détestent et menacent leur vie : car leur crime journalier c'est de manger du grain. Les blés étant murs, l'on avait fiché au milieu du champ un grand échalas, coiffé d'un chapeau déchiré, qui servait de tête à des haillons ; de telle sorte que les moineaux voyaient bien les épis dorés, mais que, pour tout le grain du monde, ils n'eussent osé toucher à un seul.

(1) *Le Volume* (8 avril 1905) (Mironneau).

(2) *Manuel général de l'Instruction primaire* (1er avril 1905) (Rodolphe Topffer).

EXAMEN PRÉPARATOIRE DU 26 NOVEMBRE 1905.

N° 25 CORRIGÉ DU THÈME (1)

N° 26 CORRIGÉ DE LA VERSION (1)

Fille de village, ne rêve point à la vie des villes, ne déserte point la ferme. Ne te laisse pas tromper par les apparences ; ne va pas où l'on étouffe, va où l'on respire. Ne change pas tes joies pures, tes douces espérances et tes besoins modestes pour les joies factices, les espérances folles et les besoins immodérés. La ville, sache-le bien, est une sorte de serre où l'air chaud tient lieu de soleil, où l'existence est trop rapide pour être bonne, où les parfums s'affaiblissent et les meilleurs fruits perdent leur saveur. On s'y étiole, on n'y vit pas.

---

(1) *Le Volume* (5 août 1905). (RAOUL FABENS).
(2) *Manuel général de l'Instruction primaire* (29 juillet 1905).

EXAMEN PRÉPARATOIRE DU 29 AVRIL 1906.

N° 27 Corrigé du thème (1)

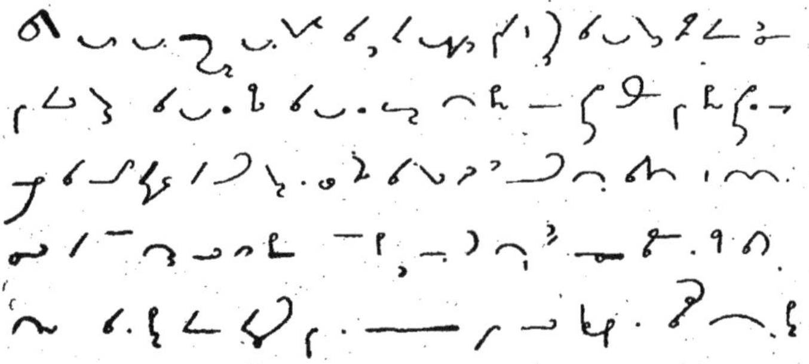

N° 28 Corrigé de la version (2)

Comme on laissait l'omnibus qui nous avait amenés de la gare au village, il me quitta brusquement et courut vers la maisonnette d'un pêcheur. Aussitôt, jaillirent de dedans des exclamations de surprise et de joie. Toute une fanfare de bienvenue, avec accompagnement de sabots sur le carrelage de la chaumière. Je m'avançai et me penchai pour voir. Déjà mon ami passait des bras du pêcheur dans ceux de sa femme, fraîche et rose sous le bonnet traditionnel. Au fond de la salle, le grand-père et la grand'mère se levaient pour offrir la main à l'arrivant.

---

(1) *Journal des Instituteurs* (21 janvier 1907) (Buffon).
(2) *Journal des Instituteurs* (21 janvier 1906) (Charles Deslys).

EXAMEN PRÉPARATOIRE DU 29 JUIN 1906.

N° 29 CORRIGÉ DU THÈME (1)

N° 30 CORRIGÉ DE LA VERSION (2)

L'éclairage doit être combiné pour ne pas fatiguer les yeux ni vicier l'atmosphère. L'éclairage naturel par la lumière du jour est, à ce point de vue, l'idéal. Le soleil en effet donne une lumière parfaite. Tout au plus, pour quelques travaux délicats, la lumière indirecte et moins changeante du nord est-elle préférable. Le soleil est, en outre, le meilleur des désinfectants. Une habitation claire invite plus à la propreté que les pièces sombres. De là l'utilité des appartements donnant sur des rues larges. Les papiers, les plafonds et planchers très clairs augmentent beaucoup la gaieté des logements.

---

(1) *Manuel général de l'Instruction primaire* (7 avril 1906) (CHATEAUBRIAND).
(2) *Manuel général de l'Instruction primaire* (7 avril 1906).

EXAMEN PRÉPARATOIRE DU 26 NOVEMBRE 1906.

N° 31 CORRIGÉ DU THÈME (1)

N° 32 CORRIGÉ DE LA VERSION (2)

Mon enfant, tu es le dernier, mais il dépend de toi cependant d'avoir, à ta manière et à ton rang, autant de mérite que n'importe lequel de tes camarades. Tu peux même en avoir plus, si tu te donnes plus de peine qu'eux. Tout en restant, s'il le faut, le dernier par le succès, tu peux devenir le premier par le travail : tu es le dernier cette semaine avec une note très basse, sois encore le dernier la semaine prochaine avec une note un peu plus élevée et tu auras marché, et tu seras honoré autant qu'un autre, petit dernier !

---

(1) *Manuel général de l'Instruction primaire* (18 août 1906) (ANDRÉ BALZ).

(2) *Manuel général de l'Instruction primaire* (11 août 1906) (F. BUISSON).

EXAMEN PRÉPARATOIRE DU 21 AVRIL 1907.

N° 33 Corrigé du thème (1)

N° 34 Corrigé de la version (2)

Vos parents vous aiment trop, mes amis, pour faire de vous des enfants gâtés. Voilà pourquoi ils résistent parfois à vos désirs et ne veulent pas vous passer tous vos caprices.

L'enfant à qui l'on cède toujours devient un tyran. Il demande les choses les plus folles et entre dans une violente colère quand, par malheur, on les lui refuse. Un tel enfant est un fléau pour sa famille. Quand il sera grand, il ne sera satisfait de rien et n'aura pas d'amis. Il sera inutile à la société et pourra même devenir pour elle un danger sérieux.

---

(1) *Le Volume* (2 février 1907) (Franklin).
(2) *Journal des Instituteurs* (3 février 1907).

EXAMEN PRÉPARATOIRE DU 22 JUIN 1907.

N° 35 Corrigé du thème (1)

N° 36 Corrigé de la version (2)

Les premiers hommes n'avaient que leurs mains pour fournir à tous les besoins.

Actuellement de grandes routes, des chemins de fer, des lignes télégraphiques, de nombreux navires relient tous les pays ; partout on écrit et on imprime ; partout se dressent des usines ; tous les champs sont cultivés. Regardez bien, et à l'origine de tout cela vous verrez toujours la main de l'homme. C'est là main de l'homme qui a changé la face du monde.

Demain, quand l'outil tombera de nos mains fatiguées, c'est vous, petites mains de nos enfants, qui le ramasserez, c'est vous qui nous succéderez dans la lutte pour le progrès.

---

(1) *Manuel général de l'Instruction primaire* (27 avril 1907). *Le Peuple* (Michelet).

(2) *Manuel général de l'Instruction primaire* (27 avril 1907). *Premier livre de lecture expliquée* (Guechot).

EXAMEN PRÉPARATOIRE DU 24 NOVEMBRE 1907.

N° 37 Corrigé du thème (1)

N° 38 Corrigé de la version (1)

(*Suite du thème*).

C'est une œuvre analogue qu'on fait pour un assez grand nombre d'élèves qui ne sont pas destinés à vivre d'une vie intellectuelle très active, qui n'en ont ni le goût ni les moyens et qu'on force quand même à subir une éducation intensive. Ils la subissent, mais elle ne leur profite pas vraiment. Ces enfants-là apprennent et répètent un tas de mots ; ils écrivent lisiblement, même correctement parfois, font des devoirs comme les autres, travaillent, étudient, entraînés par le zèle des plus intelligents ; ils emmagasinent des connaissances variées, mais ils ne les digèrent pas ; il ne se les assimilent pas.

(1) *Manuel général de l'Instruction primaire* (17 septembre 1907). (J. Masset).

EXAMEN PRÉPARATOIRE DU 26 AVRIL 1908.

N° 39. Corrigé du thème (1)

N° 40 Corrigé de la version (2)

Dans les campagnes et dans les villages, le pouvoir seigneurial faisait peser chaque jour des prétentions plus vexatoires sur le malheureux paysan. De nouveaux impôts, édictés par les privilégiés, pour s'assurer la possibilité d'une brillante existence, diminuaient chaque jour de plus en plus les profits du producteur, si bien que le malheureux paysan se voyait réduit à travailler presque pour rien. Il devait mener au moulin du seigneur le peu de blé qui lui restait sur sa récolte après la levée de l'impôt; puis il ne pouvait cuire son pain qu'au four seigneurial. Aucune autre opération n'était exempte du droit féodal.

---

(1) *Manuel général de l'Instruction primaire* (7 décembre 1907). *L'Ami Fritz* (Erckmann-Chatrian).

(2) *Le Volume* (28 décembre 1907) (Genet).

EXAMEN PRÉPARATOIRE DU 19 JUIN 1908.

N° 41 CORRIGÉ DU THÈME (1)

N° 42 CORRIGÉ DE LA VERSION (2)

L'enfant s'éveille comme la fleur s'ouvre. La nuit a travaillé pour lui comme pour elle. La fleur s'ouvre, au matin, plus fraîche, plus parfumée, plus épanouie. L'enfant s'éveille plus rose, plus gai, plus fort. Ses lèvres, brillantes et humides, paraissent couvertes de rosée ; ses petits cheveux, frisés et collés aux tempes par la légère sueur du matin, lui font comme une couronne ; ses jambes et ses bras, issus à demi et par échappées de dessous ses draps, ont l'air de marbre rose ; à peine ses yeux ouverts, il se met à rire. A quoi rit-il ? A la vie !

(1) *Le Volume* (7 mars 1908).
(2) *Manuel général de l'Instruction primaire* (7 mars 1908) (E. LEGOUVÉ).

EXAMEN PRÉPARATOIRE DU 25 NOVEMBRE 1908

N° 43 Corrigé du thème (1)

N° 44 Corrigé de la version (2)

Lorsque je pleurais, il y avait une femme qui me serrait si doucement dans ses bras, que mes larmes s'arrêtaient de couler. Jamais je ne me couchais dans mon lit sans que ma mère vînt m'embrasser ; et quand le vent de décembre collait la neige sur les carreaux blanchis, elle me prenait les pieds entre ses deux mains et elle restait à me les réchauffer, en chantant une romance dont je retrouve encore dans ma mémoire l'air et quelques paroles. Enfin, quand j'avais des querelles avec un de mes camarades presque toujours elle trouvait de bonnes paroles pour me réconforter.

---

(1) *Le Volume* (3 octobre 1908).

(2) *Manuel général de l'Instruction primaire* (25 juillet 1908). *L'amour maternel* (Hector Malot).

EXAMEN PRÉPARATOIRE DU 25 AVRIL 1909

N° 45 Corrigé du thème (1)

N° 46 Corrigé de la version (2)

L'ouvrier des champs a le ciel sur sa tête, le sol sous ses pieds, l'air dans ses poumons, la plaine vaste et libre dans ses regards, le spectacle irréfléchi, mais perpétuellement nouveau, du firmament, de la terre, du jour, de la nuit qui entretiennent sans paroles, mais sans lassitude, les sens, le cœur, l'esprit de l'homme de la campagne. Ses travaux sont rudes mais ils sont variés ; ils comportent mille applications diverses de la pensée, mille attitudes différentes du corps, mille emplois des heures et des bras. Presque tous ces travaux se font en plein air et en plein jour.

---

(1) *Le Volume* (23 janvier 1909). *Œuvres sociales* (Charning).

(2) *Le Volume* (23 janvier 1909). *L'ouvrier des champs* (Lamartine).

EXAMEN PRÉPARATOIRE DU 18 JUIN 1909.

N° 47 Corrigé du thème (1)

N° 48 Corrigé de la version (2)

J'avais remarqué le mois dernier deux petits oiseaux voletant, caquetant, autour de mon habitation, l'air très affairé, et ma curiosité étant grande, je les observai.

C'étaient deux jolies bêtes au bec court et fort, aux pattes solides, au plumage bleu-vert, les ailes liserées de blanc, le cou également blanc. Mon père m'apprit que c'était un ménage de mésanges.

Mais, où nichaient ces oiseaux ? Il me fallut du temps pour le découvrir : dans le poirier qui est au fond de la cour, je finis par apercevoir la tête de l'un d'eux émergeant d'un trou formé par une grosse branche cassée.

---

(1) *Journal des Instituteurs* (2 mai 1909). *Mémoires d'un enfant* (Mme Michelet).

(2) *Journal des Instituteurs* (2 mai 1909).

EXAMEN PRÉPARATOIRE DU 21 NOVEMBRE 1909.

N° 49 Corrigé du thème (1)

N° 50 Corrigé de la version (2)

Le plus souvent je me dirigeais vers le collège à jeun, l'estomac et la tête vides. Quand ma grand'mère venait nous voir, c'était les bons jours ; elle m'enrichissait de quelque petite monnaie. Je calculais alors sur la route ce que je pourrais bien acheter pour tromper ma faim. Le plus sage eût été d'aller chez le boulanger ; mais comment trahir ma pauvreté en mangeant mon pain sec devant mes camarades ? D'avance, je me voyais exposé à leurs rires et j'en frémissais.

Pour échapper aux railleries, j'imaginai quelque chose d'assez substantiel pour me soutenir et qui eût cependant l'apparence d'un dessert.

---

(1) *Manuel général de l'Instruction primaire* (25 septembre 1910). *Morale* (C. Wagner).

(2) *Manuel général de l'Instruction vrimaire* (25 septembre 1910). *Maigres déjeuners* (Michelet).

EXAMEN PRÉPARATOIRE DU 10 AVRIL 1910.

N° 51 CORRIGÉ DU THÈME [1]

N° 52 CORRIGÉ DE LA VERSION [1]

(*Suite du thème*).

Tout à coup j'éprouve un tressaillement, une espèce de gêne nerveuse, comme si j'avais quelqu'un derrière moi. Je me retourne et je vois le compagnon des belles nuits, la lune, un belle lune toute ronde, qui se lève doucement, avec un mouvement d'ascension d'abord très apparent, et se ralentissant à mesure qu'elle monte dans le ciel.

Déjà un premier rayon est distinct près de moi, puis un autre un peu plus loin... puis tout le marécage est allumé. La moindre touffe d'herbe a son ombre. L'affût est fini, les oiseaux nous voient : il faut s'en aller.

(1) *Journal des Instituteurs* (16 janvier 1910). *Lecture expliquée* (A. DAUDET).

EXAMEN PRÉPARATOIRE DU 18 JUIN 1910

N° 53 Corrigé du thème (1)

N° 54 Corrigé de la version

Mon cher Henri,

Hier dimanche, nous avons beaucoup parlé de toi avec des amis qui sont venus passer la journée avec nous. J'ai lu ta dernière lettre dans laquelle tu racontes les manœuvres. Cela nous a beaucoup intéressés et l'on m'a chargé de t'envoyer des bonjours bien affectueux.

Papa souffre toujours de son rhumatisme ; il désirerait bien être guéri pour retourner aux champs. Maman se porte bien ; elle est si active qu'elle trouve le moyen de faire presque tout à la fois ; mais elle ne peut pas rester à surveiller les ouvriers, et c'est cela qui tourmente papa.

(1) *Journal des Instituteurs* (8 mai 1910). *La solidarité* (E. Souvestre).

EXAMEN PRÉPARATOIRE DU 20 NOVEMBRE 1910.

N° 55 Corrigé du thème (1)

N° 56 Corrigé de la version (1)

(Suite du thème).

Certes, il n'en va plus de même. On a bâti un peu partout des écoles neuves où l'air et la lumière circulent librement. On s'est même ingénié, tout au moins dans un grand nombre de communes, à leur donner une architecture attrayante à l'œil. La classe est décorée de cartes, de panneaux. Le professeur s'est modifié ; il a dépouillé la vieille redingote. Il a pu, sans crainte de se singulariser, s'habiller comme tout le monde. On ne saurait non plus lui reprocher un excès de rigueur ou de sévérité.

Mais ce qui change plus malaisément, ce sont les vieilles idées.

(1) *Journal des Instituteurs* (25 septembre 1910). *Le rire à l'école* (L. Le Chevallier).

EXAMEN PRÉPARATOIRE DU 30 AVRIL 1911.

N° 57 CORRIGÉ DU THÈME (1)

N° 58 CORRIGÉ DE LA VERSION (2)

Dans la nature, jamais de repos, toujours le travail, le travail harmonieux, vivant et perpétuel. La terre paraît immobile, elle nous emporte dans l'espace. La lune paraît arrêtée, elle nous suit dans sa course autour du soleil et tourne autour de nous à une vitesse 60 fois plus grande qu'un train de chemin de fer. Les étoiles nous paraissent fixes; chacune d'elle vogue avec une rapidité vertigineuse. Le soleil donne l'apparence de se coucher en éteignant lumière et chaleur, alors que cependant il brille toujours enveloppé de flamboiements intenses. Le fleuve est calme comme un miroir, il coule toujours.

---

(1) *Journal des Instituteurs* (29 janvier 1911). *Une conspiration à Luynes* (P. L. COURRIER).
(2) *Journal des Instituteurs* (29 ianvier 1911) (FLAMMARION).

EXAMEN PRÉPARATOIRE DU 17 JUIN 1911

N° 59 Corrigé du thème (1)

N° 60 Corrigé de la version (2)

Je donnerais deux étés pour un automne. J'adore les grandes flambées ; j'aime à me réfugier dans le fond de la cheminée, ayant mon chien entre mes souliers humides. J'aime à regarder les hautes flammes qui lèchent la vieille crémaillère aux dents aiguës et illuminent les noirs recoins. On entend le vent siffler dans la grange, la grande porte craquer, le chien tirer sur sa chaîne en hurlant, et malgré le bruit de la forêt qui tout près de là rugit en courbant le dos, on distingue les croassements lugubres d'une bande de corbeaux qui luttent avec la tempête.

(1) *Le Volume* (29 avril 1911) (Anatole France).
(2) *Le Volume* (29 avril 1911). *L'Automne* (Gustave Droz).

L'Association Sténographique Unitaire est une société amicale en même temps que professionnelle et mutualiste.

Elle a été reconnue d'utilité publique en 1899, et comprend actuellement plus de 1.400 membres.

Tout membre de l'Association reçoit gratuitement chaque mois l'*Unité Sténographique* (le nº 0 fr. 75) qui comporte en moyenne 12 pages en typographie et 16 pages en sténographie et contient en dehors d'articles d'ordre technique et professionnel, des exercices de lecture courante et de lecture mutuelle.

Tout membre de l'Association a droit également au service de placement, qui place actuellement une moyenne de 20 sociétaires par mois.

Une commission des fêtes organise des réunions instructives et récréatives.

Un service de remises auquel adhèrent un certain nombre de fournisseurs, permet aux sociétaires de récupérer, même au delà, le montant de la cotisation, qui est de 10 francs par an.

Il est de l'intérêt de tous ceux qui étudient la sténographie, comme des sténo-dactylographes, de faire partie de cet important groupement.

Pour tous renseignements, adhésions, paiement des cotisations, placement, etc., s'adresser aux Bureaux de l'Association, rue de Chabrol, 52, Paris (10e), qui sont ouverts tous les jours, sauf dimanches et fêtes, de midi et demi à 7 h. et de 8 h. 1/2 à 10 h. 1/2 du soir.

AVIS IMPORTANT

L'Association, *étant reconnue d'utilité publique*, a qualité pour recevoir tous dons et legs.

Afin de guider les personnes qui désireraient faire bénéficier notre Société de leurs libéralités, nous donnons ci-dessous la formule dans laquelle elles peuvent le faire :

« **Je donne** « ou » **Je lègue à l'Association Sténographique Unitaire,** *dont le siège est à Paris, la somme de.... nette des droits d'enregistrement et de mutation.* »

PUBLICATIONS SPÉCIALES DES MEMBRES DE L'ASSOCIATION

1. *Histoire et généralités.*

Notions générales sur la sténographie, par Boutillier : 1 f 25, *fco* 1.35.

Pourquoi doit-on apprendre la sténographie, et quelle sténographie, par Boutillier : 50 c., *fco* 60 c.

La Sténographie Prévost-Delaunay, par Boutillier : 50 c., *fco* 60 c.

Monographie Prévost-Delaunay, par Loyer. 1 f 25, *fco* 1.35.

A. Delaunay, notice : 50 c. *fco* 60 c.

J.-B.-J. Breton, biographie, par Loyer : 1 fr. 25, *fco* 1.35.

2. *Ouvrages d'enseignement.*

Cours de sténographie (2e éd.), par Delaunay : 4 fr., *fco* 4.35.
Les derniers exemplaires de la 1re édition (1878) 25 fr. l'un.

Mémento de sténographie (76e-90e mille), par Paul Fleury et Ernest Roy : 2 fr., *fco* 2.20.

Cours complet de sténographie, (2e éd.), par Lalet : 2 fr., *fco* 2.25.

Sténographie pratique, par M. et Mme Stienon : (3e Edition ; 1re et 2e partie réunies) : 3 fr., *fco* 3.40.

Cours progressif de sténographie, par Zryd : 2 fr., *fco* 2.25.

Leçons de sténographie, par Dusailly : 2 fr. *fco* 2.20.

La sténographie pour tous (2e éd.), par M. de Mouscardy : 2 fr., *fco* 2.30.

Éléments de sténographie (4e éd.), par Boutillier : 50 c., *fco* 60 c.

Les Incompatibilités, par Maugin : 1 f 25, *fco* 1.35.

Adaptation aux langues étrangères (Anglais, Allemand, Espagnol, Portugais, Italien), par Cochinal : 1 fr. 50, *fco* 1.65.

Dictionnaire de Sténographie, (15e-19e mille) avec corrigé des textes du *Memento*, par Paul Fleury et Ernest Roy : 2 fr., *fco* 2.25.

Tableaux synoptiques et dictionnaire, par M. et Mme Stienon : 1 fr., *fco* 1.15.

Tableau aide-mémoire, par Dorlencourt et Chaignard : 50 c., *fco* 60 c.

Tableau de liaison des signes, par Loyer : 25 c., *fco* 30 c.

Tableau des signes (5e éd.) : 0 fr. 20, *fco* 25 c.

Tableau des abréviations (8e éd.) : 25 c., *fco* 30 c.

3. *Exercices*

Janot le sténographe (19e-22e mille), lect. grad., par Turin : 1 fr., *fco* 1.10.

Le Médaillon (6e mille), lecture sup., par Turin : 1 fr., *fco* 1.15.

1er **Recueil** d'exercices, Thèmes et versions des examens préparatoires.
2e **Recueil** d'exercices, corrigés des précédents.
3e **Recueil** d'exercices, thèmes et versions des examens théoriques.
4e **Recueil** d'exercices, corrigés des précédents.
} CHAQUE : 1 fr. ; franco : 1.10

Variétés, lecture : 60 c., *fco* 70 c.

Pulchra (2e éd.). Versions graduées, par Cochinal et Schaufelberger : 50 c., *fco* 55 c.

La Conversion de M. Laroutine, comédie, par F. Weil et Aug. Bloch : 1 fr., *fco* 1.10.
Traduction : même prix.

L'Art sténographique, par E. Maillet : 25 c.

Le Livre bleu — Le Livre gris — Le Livre vert, lecture (degré élém., moy. et sup.), par Ernest Roy, chaque livre : 50 c., *fco* 60 c.

Le Livre Rose (lecture mutuelle), par Ernest Roy : 1 fr., *fco* 1.20.

Exercices d'application (I et II) par Dusailly (chaque) 1 fr. 25, *fco* 1.35.

Le jeune Sténographe, lect. élém., par Dannery : 1 fr. 25, *fco* 1.50.

Mille exercices gradués, par Zryd : 1er et 3e fasc., l'un : 40 c., *fco* 50 c. ; 2e fasc., 25 c., *fco* 30 c.

Exercices progressifs, par Zryd : 1er, 3e, 4e, 6e, 7e fascicules, 40 c., *fco* 50 c. l'un. 2e, 5e fasc., 20 c., *fco* 25 c. l'un ; ensemble, 2 f 50, *fco* 3 fr.

Devoirs, par E. Maillet : 1 fr. 25.

Textes d'épreuves de l'Association. La feuille : 5 c.

4. *Périodiques et divers.*

L'Unité sténographique, revue mensuelle, 10 fr. par an. Le no 75 c. Contient des exercices spécialement destinés aux élèves des cours.
Anciens numéros : 1 année complète : 12 fr. ; 1 année, chaque partie : 6 fr. ; 1 no complet : 1 fr. 1 no, chaque partie : 50 c.

Annuaire de l'Association, (*illustré*) : 1 fr.

Cartes postales (portraits Prévost-Delaunay) : 4 fr. le cent, *fco* 4 fr. 50.

L'Avenir sténographique, revue mensuelle du groupe « Les Unitaires du Havre » (Dir. M. Vaudecrane, Hôtel-de-Ville, Le Havre). Abon., un an : 5 frs. ; le no 0 fr. 50.

Le Sténo-bulletin breton, bulletin mensuel des groupes bretons (Dir. M. Duval, 44 rue d'Antrain, à Rennes). Abonn. un an : 1 fr. 50 ; le no 0 fr. 15.

5. *Dactylographie.*

Méthode des dix doigts (clavier belge Remington), par Van Welkenhuyzen : 1 fr. 25, *fco* 1.35.

Méthode des dix doigts (clavier universel Remington), (3e éd.) par Van Welkenhuyzen : 1 fr. 25, *fco* 1.35

NOTA. — Il n'est pas fait d'envoi contre remboursement : toute demande d'ouvrage doit être accompagnée du montant en mandat ou en bon de poste.

Lille Imp. L. Danel.

www.ingramcontent.com/pod-product-compliance
Ingram Content Group UK Ltd.
Pitfield, Milton Keynes, MK11 3LW, UK
UKHW022145170726
13837UKWH00004B/1786